Los cinco pilares de la felicidad del niño

CÓMO EDUCAR PARA GENERAR ADULTOS FELICES

ALBERTO GUZMÁN ORTEGA

Título original: *Los cinco pilares de la felicidad del niño*

Primera edición: Octubre 2016
© 2016   Editorial Kolima, Madrid
www.editorialkolima.com

Autor: Alberto Guzmán Ortega
Dirección editorial: Marta Prieto Asirón
Maquetación de cubierta: Sergio Santos Palmero
Maquetación: Rocío Aguilar Bermúdez
Imagen de portada: Sunny studio/Shutterstock

ISBN: 978-84-163648-9-3

*A la tata Teresa Cortés Heredia, calé, valiente,
inagotable, analfabeta, inteligente y que tanto fue, que aún
le sobró para darnos a todos*

INDICE

PROLOGO

Estimado lector:

El libro que se dispone a leer va dirigido a padres, educadores, profesionales, cuidadores y cualquiera que esté interesado en conocer y afrontar la tarea de educar con solidez, potenciando las naturales capacidades de los niños y siempre con la vista puesta en su larga etapa de adultos.

No es un manual de autoayuda ni es un salvavidas mágico. Es un libro lleno de ciencia, pedagogía, sentido común, sin innovaciones ocurrentes y escrito para personas reales que viven en el mundo real.

En estas páginas hallará algo de conocimiento del que ya disponía, también algo nuevo, pero, sobre todo, encontrará un camino seguro por el que transitar dentro de la incertidumbre que todo proyecto de futuro atesora.

Es muy importante que aborde su lectura sin prisas, meditando cada frase que le resulte llamativa o novedosa.

Encontrará enlaces a la web www.albertoguzman.com para ampliar conocimientos y convertir este espacio en un lugar de trabajo, donde profundizar en la tarea de educar al niño de forma inteligente, productiva y sin ambigüedades.

Para empezar, estableceremos varias consideraciones previas, un acuerdo entre nosotros en pro de la eficacia:

- La felicidad que buscamos para nuestros hijos, para los adultos del futuro casi inmediato, es un estado relacionado con la satisfacción global, el equilibrio, el logro y la adaptación con el entorno y consigo mismos

- Nuestro objetivo tiene vocación de continuidad. Queremos niños sanos y felices pero sabiendo que serán niños solo unos pocos años y luego serán adultos durante muchas décadas. Por tanto, trabajaremos conectando el presente con el futuro

- Los hijos son responsabilidad de los adultos, pero no de su propiedad. Mucho menos del Estado, del colegio o de la sociedad. Cada niño es una persona libre, única e irrepetible y por amor los educamos generosamente para una feliz y larga vida. Esto implica el principio básico de educar para la independencia emocional e intelectual

- El conocimiento es necesario pero no suficiente. Es decir, para cambiar las cosas no basta con saber como hacerlo, hay que movilizar recursos en la dirección adecuada

Partiendo de estas premisas vamos a seguir un camino en el que quiero que reflexione, evalúe y actúe con amor, sin miedo y disfrutando de la apasionante aventura de acompañar al niño hacia una vida de adulto feliz.

PRIMER PILAR

CONOCIMIENTO

PRINCIPIOS DEL APRENDIZAJE

....

Hay leyes y mecanismos del aprendizaje que tenemos que conocer. Digamos que «siempre» están detrás de la conducta y que, si nos parece que no lo están, seguramente es porque nuestro análisis sobre lo que ocurre no es el correcto.

Cuando me refiera a «conductas» no solo lo haré a conductas externas, visibles, sino también a conductas no manifiestas como los patrones de pensamiento.

Estos principios del aprendizaje son los siguientes:

- Las conductas que tienen éxito tienden a repetirse

- Las conductas que fracasan tienden a extinguirse

- Las conductas, especialmente cuando se repiten, se conectan o asocian con «estímulos» del entorno o internos de la persona

- Cuando vamos a hacer algo, se produce en nuestro cerebro una evaluación en términos de costes y beneficios. Este proceso suele ser inconsciente e inmediato

- El aprendizaje por «modelos» (imitación) es muy potente

- La mayoría de los miedos son aprendidos y todos pueden eliminarse

- Hay varios mecanismos para eliminar conductas, pero uno de los más eficaces es el llamado de «extinción», que consiste en ignorar dichas conductas, es decir, que no obtengan ni beneficio ni sanción

APRENDIZAJE HUMANO

En lo que respecta al aprendizaje, los humanos tenemos particularidades y vamos a señalar algunas importantes:

- Los niños aprenden observando, experimentando y manipulando el entorno

- Aprendemos y vivimos en sociedad

- Nuestra gran capacidad de adaptación comienza en el seno materno

- El llanto humano es una herramienta que no siempre indica sufrimiento y que está sujeta a las leyes del aprendizaje. Si no tiene éxito, el niño tenderá a sustituirla por alternativas menos emocionales

- Todos tenemos capacidad creativa

- Los seres humanos tendemos a ser más felices cuando damos que cuando recibimos

- La capacidad de obtener premios demorados respecto a la acción que los promueve, es una herramienta poderosa para ser felices

- El ser humano tiene un mecanismo de insatisfacción, natural y adaptativo. Este mecanismo sustenta la manipulación social, comercial y de consumo. Tenerlo bajo control es imprescindible para la felicidad

LOS MODELOS

···

Cuántas veces hemos oído la expresión, «¡hay que dar ejemplo!». Y es que el aprendizaje por modelos tiene una fuerza enorme. No solo en lo referente a la conducta ética o social, sino también en numerosos aspectos de la vida del niño y su desarrollo.

Los valores, la creatividad, los hábitos alimentarios, el afrontamiento y la solución de problemas, las expectativas, el sentido de la vida y la autoestima, son algunos de los ámbitos especialmente sensibles a la proyección que ofrecemos como adultos.

Por supuesto que no es una ley absoluta. Padres analfabetos tienen hijos aficionados a la lectura y a la inversa. Esto ocurre por la multitud de factores que intervienen en el desarrollo. Pero nuestra influencia como modelos ante los niños suele ser una herramienta muy potente.

¿Cómo ser modelos eficaces? A través del respeto sincero que hemos obtenido del niño, bien sea general o tal vez específico respecto a algún aspecto de nuestra vida. Más adelante trataremos el concepto del respeto y volveremos a conectar con la importante ayuda que con el modelado podemos prestar a los niños.

SEGUNDA LEY DE LA TERMODINAMICA

Hay una ley descrita por la Física que es aplicable a la Biología y la Psicología. Una sencilla interpretación de la misma y que nos vale para operar con ella sin adentrarnos en el concepto de entropía, es la siguiente:

«En un sistema aislado, es decir, en el que no se pone energía en la dirección adecuada, el caos tiende a aumentar».

Por ejemplo, si abandonamos nuestra higiene personal, el riesgo de enfermar o ser excluido socialmente irá aumentando. Así también, si descuidamos nuestra formación intelectual o nuestra habilidad física, iremos perdiendo capacidades.

Aplicado a nuestros hijos, si no ponemos energía en educarlos en la dirección correcta, aumentará la probabilidad de que sean adultos inadaptados.

Recuerde que el azar, a nivel global, no tiende a ayudarnos sino a perjudicarnos.

MECANISMO DE ADICCION

Parece extraño tratar aquí este tema pero tenemos que hacerlo ya que nuestro cerebro está diseñado para usar la adicción como un sistema multifunción y activarlo con frecuencia.

Este mecanismo se basa en el mismo proceso y usa las mismas estructuras que intervienen tanto en la adicción a sustancias, como en el enamoramiento, la ludopatía, la adicción a Internet, a los videojuegos, al teléfono móvil, a Facebook o al trabajo, por señalar algunos ejemplos.

La adicción siempre es un riesgo para la felicidad y hay que ser conscientes de lo fácilmente que aparece por nuestra preparación biológica.

El mecanismo de adicción se desarrolla de la siguiente forma:

1. Nos sentimos bien cuando entramos en contacto con algo (sustancias, alimentos, tecnología, etc.), una conducta o alguien (pareja, psicólogo, familiares, etc.)

2. Repetimos lo que nos hace sentir bien hasta generar hábitos y mecanismos de placer cerebrales asociados

3. Instaurada la adicción, comenzamos a experimentar sufrimiento si se impide el desarrollo de los hábitos o relaciones adquiridas, ¡aunque se tornen en perjudiciales!

4. La persona sabe que la adicción está siendo negativa para ella, pero aun así continúa con la conducta adictiva por evitar el dolor y la ansiedad que le generaría abandonarla

En resumen, lo que comenzó siendo emocionante o haciéndose por placer, se acaba realizando por evitación o miedo a sufrir. Por ejemplo, los adictos a las drogas no se drogan por el placer que obtienen sino por evitar el *craving* o «mono».

Es un mecanismo que en la vida del niño surgirá en numerosas ocasiones y cuya extinción, al igual que en adultos, responde a las siguientes premisas:

- El deseo intenso o *craving* se dispara por algún estímulo asociado como un pensamiento, lugar, momento del día, persona, objeto, etc.

- Este deseo comienza y termina siguiendo una curva de intensidad, como una ola o una onda

- Tanto la frecuencia de aparición como la intensidad del deseo (el tamaño de la ola), serán cada vez menores si no se produce o se interrumpe la conducta adictiva

- Durante el proceso de extinción de la conducta adictiva, llevarla a cabo una sola vez, dispara de nuevo toda la intensidad de la adicción

APEGO SEGURO

La sana relación del niño con sus cuidadores (especialmente con la madre), genera beneficios evidentes: protección, contacto sensorial, relación eficaz con el entorno, aprendizaje, etc.

Para lograr niños con apego seguro, los adultos tenemos que mostrarnos como soporte útil en el proceso de equilibrar las condiciones innatas del niño y el entorno.

Atenderemos sus demandas en función de su edad, respondiendo con amor, coherencia, inteligencia y procurando generar una relación cargada de bienestar, empatía y buen humor.

Hay que entender que ser consecuentes, establecer criterios, normas o sancionar conductas, nada tiene que ver con mostrarnos hostiles, enfadados y mucho menos agresivos.

Premiamos las conductas adecuadas porque hay que hacerlo, y sancionamos o ignoramos las inadecuadas por la misma causa, no porque estamos enfadados. Y es, en este caso, al enfrentamos a conductas no deseadas, cuando especialmente tenemos que reducir la carga emocional.

LOS ENEMIGOS

Ah, ¿pero tenemos enemigos para educar niños felices y adaptados? Seguro que sospecha de algunos que son evidentes aunque también hay otros que se han especializado en el camuflaje.

¿Y por qué alguien tendría interés en manipular a los niños o en que fuésemos infelices? Porque les genera poder o dinero, porque ellos le pueden vender algo que parece que solucionará sus problemas y supuestamente les hará felices.

También, y como usted deducirá, estos «enemigos» de nuestra felicidad y la de nuestros hijos, trabajan coordinados de forma compleja.

Influyen desde todos los ámbitos posibles: los medios, el sistema educativo, la industria cinematográfica, las editoriales y todos aquellos espacios que puedan utilizar para sus intereses. A fin de conseguirlo emplean muchos recursos, subvenciones, profesionales bien remunerados y tontos útiles que los hay a montones.

Las cuestiones que voy a tratar ahora no son teorías ni deducciones personales. Tampoco las calificaré moralmente; solo pretendo describir y compartir con usted lo que conozco en la seguridad de que es conocimiento bien contrastado por este autor en su relación directa, bien personal o profesional con los entornos a los que me voy a referir.

- *La industria política*

  La democracia es el sistema político diseñado para controlar a las élites. Pero en muchos países democráticos, y especialmente en los más burocratizados como los europeos, la política se ha especializado en diseñar una industria para el empoderamiento de las élites de forma semi-encubierta.

  Sin abundar en el tema, sí que viene al caso saber que uno de los pilares del control social por parte de esta industria radica en la manipulación de los niños y los jóvenes. Para ello manejan el sistema educativo, los valores sociales y familiares y nos muestran una ética donde la libertad individual y de pensamiento es siempre sospechosa en detrimento de una nueva moral social promovida por la influencia de sus intereses, la de los *lobbys* y los grupos de poder.

- *La industria farmacéutica y alimentaria*

  Invierten más fondos en técnicas de mercado y estrategias de ventas que en investigación y producción.

  Les aseguro que contratan a magníficos directivos especialistas en conocer al consumidor, grandes estrategas, no precisamente del sector de la medicina o la farmacia, sino procedentes de cualquier ámbito exitoso. Su objetivo es: «vender más al mínimo coste».

Su estrategia básica es la siguiente: por un lado convencer al sector médico de que ellos son científicos y por tanto su conocimiento es indiscutible; para ello se alían con universidades, están detrás de los fondos de investigación para autorizar solo los medicamentos que les interesan, organizan o financian congresos donde adoctrinan a los médicos e incentivan abundantemente al sector.

Por otro lado buscan convencer al consumidor de que todo lo que hacen y venden es por su bien. Para conseguir esto, entre otras estrategias participan del control de los medios de comunicación y editoriales más importantes.

Para ilustrar lo anterior le voy a poner un ejemplo y es el misterioso caso del TDHA:

Sabemos con total seguridad que el Trastorno de Hiperactividad con Déficit de Atención tiene un componente genético despreciable estadísticamente, es decir, no va a ser fácil que se tropiece en su vida con un hiperactivo que haya heredado este «trastorno».

En realidad, la inmensa mayoría de niños hiperactivos, o han aprendido a serlo, o son niños con ansiedad y, como también sabemos, en ambos casos hay un exceso de activación en ellos que dificulta enormemente la atención.

Ergo, niño orientado hacia la actividad, niño con dificultades de atención hacia lo que no le interesa. De la misma forma, el niño con ansiedad tiene serias dificultades para controlar su atención.

Por tanto, si se suministra un test de TDHA a un niño hiperactivo, con independencia de si lo es por herencia, por aprendizaje o por ansiedad, dará resultados similares.

Si tenemos en cuenta que los psicofármacos son el principal negocio de la industria farmacéutica, resta convencer a médicos, maestros, padres –y hasta a la niñera–, de que ese niño tiene un trastorno solo remediable con la ingesta de drogas duras fácilmente recetables por su médico de cabecera. ¿Que luego va a ser un depresivo toda su vida? Objetivo cumplido, un cliente fidelizado.

«¡Pero cómo puede ser esto si tenemos magníficos tratamientos psicológicos eficaces casi al 100% para la ansiedad! ¡Y si la hiperactivación es aprendida, también sabemos como manejarla!»

«Ya, pero ellos piensan 'nos fastidiáis el negocio'».

La industria alimentaria también se mueve con parámetros similares a la farmacéutica pero con una publicidad más descarada. Hace tiempo que decidieron ocupar el lugar de los padres en la educación nutricional familiar.

• *Las técnicas de ventas*

El marketing es la herramienta transversal que emplean todos los grupos de poder para transformar a los ciudadanos y especialmente a los niños. Solo tiene que prestar atención a los anuncios publicitarios para notar que siempre tienen a los niños entre sus protagonistas o entre sus objetivos directos.

Anuncios de alimentos, ropa, coches, da igual; no solo se limitan a incluir a niños, sino que se dirigen a ellos de forma impúdica para venderles toda clase de productos. Así usurpan nuestra responsabilidad como adultos para decidir qué deben comer o vestir nuestros hijos o cuáles deben ser sus principios y valores. Bien es cierto que muchos padres sin criterio fomentan aquello de que «el niño decida»; pero en realidad no decide el niño, deciden otros.

• *Los padres y educadores*

Ya sé que me adentro en arenas movedizas, pero los mayores saboteadores de la felicidad de nuestros hijos a veces somos los propios padres y demás educadores, por omisión o por acción. Por ejemplo, cuántas veces renunciamos a transmitir principios o valores con la excusa de que cuando sean mayores que elijan ellos... Esto es tan estúpido como no llevar al niño de cuatro años a clase de violonchelo porque quiénes somos nosotros para elegir por él, que cuando sea mayor elija instrumento. Por supuesto que cuando sea mayor tomará sus decisiones, pero si usted no educa, si usted no transmite una estructura moral, ética e intelectual que dé sentido a su vida, o bien usted no tiene esta clara o está dejando que otros se encarguen de su trabajo. Recuerde que «otros» invierten muchísimos recursos en manipular a los niños y jóvenes y que de su vulnerabilidad, insatisfacción e infelicidad depende radicalmente su negocio.

Hay más «enemigos» que amenazan el desarrollo de los niños para ser adultos libres, adaptados y felices. Vamos a seguir avanzando y descubriendo las claves para detectarlos y controlar su influencia.

¿CUANDO EMPEZAR A EDUCAR?

Como padre o educador no puede optar por dejar que las cosas vayan ocurriendo. Es cierto que el azar a veces puede colaborar con nosotros, pero como ya hemos visto, las probabilidades de que la «suerte» nos perjudique son mucho más altas; recuerde que el casino siempre gana.

A veces me han preguntado padres de bebés cuándo es el momento para empezar a organizar su vida, poner límites, socializarlo, es decir, a educar. Y solo hay una respuesta: ¡Ahora!

Antes de que nazca el bebé ya se puede actuar en su beneficio, pero desde que se encuentra con nosotros hay que comenzar la tarea de cuidarlo, atenderlo y ayudarle a que su vida sea lo más adaptada posible.

De modo que acuda inmediatamente en apoyo de su hijo sin esperar a que vaya al colegio, comience a fracasar en los estudios o sea adolescente.

En este punto, hablando de bebés, tenemos que referirnos a un nuevo y perverso método de educación, diseñado por la industria farmacéutica y vendido a través de pediatras y personal sanitario. Resumiendo, el método es el siguiente:

- Amamante a su bebé cada vez que lo pida

- No lo deje llorar nunca

- Que duerma con usted, en su cama

Claro, puede que alguna abuela diga:

—¡Pero toda la vida nos han enseñado lo contrario!

Y entonces, una enfermera o pediatra les dará argumentos del tipo:

- «En el medio rural, antiguamente, se llevaba siempre al bebé en brazos y estaba todo el tiempo con la madre». (Está claro que no conocen el medio rural del que hablan)

- «Así se crea una dependencia mayor con la madre». (Pero es que no queremos dependencias, recuerde, son enemigas de la felicidad)

- «Ya tendrá tiempo de llorar». (Desde luego que va a llorar, justo cuando lo puedan medicar)

- «Hay estudios que demuestran que cuando el niño llora o sufre hay conexiones neuronales que se rompen». (Siempre que aprendemos algo hay conexiones neuronales que se rompen y otras que se crean, se llama «plasticidad neuronal»)

En resumen, este método, además de la angustia y los conflictos parentales que genera, produce niños orientados a la actividad, sin capacidad de autocontrol, sin tolerancia a la frustración y que pronto serán candidatos a dar buenos resultados en los tests de TDHA y por ende a consumir las drogas duras que algún médico les aconsejará.

Entonces, ¿cuál es el mejor sistema para gestionar al bebé? Pues el de toda la vida, el que lleva miles de años evolucionando con la Humanidad. El bebé debe tomar su alimento cada tres o cuatro horas y, si llora porque tiene hambre, con más energía se nutrirá después. Debe dormir en su cuna y si es posible en su dormitorio. Habrá que extinguir su llanto con amor y resolución.

Y todo esto no porque seamos malvados; los malvados o ignorantes son los del co-lecho. Nosotros no hacemos experimentos con nuestros hijos, somos en gran parte responsables de su futura felicidad aunque a veces cueste un rato de llanto.

Empezar hoy significa que el mejor momento para educar es ahora. Su responsabilidad como padre o como educador tiene que sustentarse en el conocimiento, el sentido común, los principios y los valores, no en las circunstancias, ni en sus debilidades emocionales, las modas o lo que esperen de usted los demás.

APROVECHE EL TIEMPO

Hay una edad en que los hijos van detrás de los padres y luego otra en que los padres van detrás de los hijos. Lo paradójico es que cuando ellos van detrás de nosotros, cuando son niños, a veces desaprovechamos este impulso para educar y generar relaciones profundas con ellos.

La relación con los hijos hay que fomentarla en cualquier ámbito y momento. Aproveche el tiempo, silencie el móvil, apague la televisión o siéntese con su hijo a verla; es una oportunidad para generar espíritu crítico y tal vez descubra que Calamardo no es tan hostil como parece.

Disfrute del mundo de los niños participando activamente en sus juegos, pero también permita que se aburran o jueguen a solas con otros niños.

Supervise, pero evite ser intrusivo de forma inoportuna, déjeles pensar y que resuelvan los problemas que les van surgiendo sin ayuda inmediata.

No se quite a su hijo de encima con la televisión, Internet o aplicaciones del móvil. Permita que se aburra, lo cual es fantástico para que elabore fantasías y pensamientos complejos. También puede facilitarle herramientas que fomenten su creatividad.

Planifique y organice actividades con su hijo; esto es excitante para él y, como veremos más adelante, son un buen recurso para cambiar hábitos y abundar en la relación.

Acuérdese de llenar de calidad el tiempo que pasa con su hijo, lo que no significa estar atosigándolo. Puede que usted tenga tareas en casa y puede aprovecharlas para enseñarle el valor del trabajo bien hecho, la concentración o la productividad. Si además el niño puede colaborar de alguna manera con usted, miel sobre hojuelas.

SEGUNDO PILAR

SUPERVIVENCIA

TOLERANCIA A LA FRUSTRACION

Usted nunca podrá ser mínimamente feliz si no tiene una alta tolerancia a la frustración. Es una capacidad que se aprende y, si se enseña desde el nacimiento, mucho mejor.

La frustración es un proceso biológico, adaptativo, emocional y automático que compartimos con numerosas especies. Siempre produce hostilidad y tristeza.

> Expectativas + Obstáculo = Frustración =
> Hostilidad + Tristeza

Un gato, un loro, un caballo, nosotros, cuando esperamos que algo deseado suceda, si por algún motivo esto se demora o no llega a ocurrir, vivimos la experiencia emocional llamada «frustración».

Podemos resumirlo así: suena el despertador y frustra nuestro sueño; tenemos hambre o sed y hay que esperar; en un atasco; esperamos una sonrisa y no la encontramos; perdemos el partido de tenis; un suspenso; los Reyes Magos nos traen otra corbata; una multa de tráfico y así hasta el infinito. Como ve, la frustración aparece constantemente en nuestra vida.

Ahora imagine a un niño que quiere salir a jugar al recreo en el colegio. En ese momento el maestro decide hablar con él sobre su rendimiento. El niño verá frustradas sus expectativas, se enfadará y se pondrá triste con lo que el profesor tendrá dificultades para atraer su atención y su colaboración. Probablemente el maestro también se frustrará porque la hostilidad del niño habrá anulado sus expectativas de una charla productiva.

Pero, ¿cómo manejar la frustración si de forma automática produce enfado y tristeza? ¿Cuáles son las claves para reducir su impacto y aprovecharla en nuestro beneficio? Básicamente estas claves son cuatro:

1. *Entrenamiento.* El niño que aprende a esperar, a respetar a los demás o a conocer el «no», se va entrenando en el manejo de la frustración

2. *Reconocer* las emociones que produce. Recuerde: hostilidad y tristeza

3. *Ser realista* con las expectativas, lo que implica ser optimista pero contar con los obstáculos

4. *Relativizar.* Ir generando en el niño una trascendencia o sentido de la vida con el que poner en contexto la importancia de lo que nos va ocurriendo

Recuerde que una adecuada tolerancia a la frustración es condición *sine qua non* para acercarse a la felicidad.

AUTOESTIMA

....

Nuestros logros dependen más de las habilidades que creemos tener que de las que tenemos en realidad.

La autoestima puede ser general, entendida como la visión global que tenemos de nosotros mismos, y también puede ser específica, es decir, la valoración que hacemos respecto a cada aspecto de nuestra vida.

El niño irá generando su autoestima a través de múltiples fuentes, pero básicamente en función de los siguientes parámetros:

- Valores

- Discurso interno

- Posibilidad de mostrar sentimientos

- Estructura familiar

- Logros

- Comparación con otros

- Apoyo social

- Lo que cree que los demás piensan de él

Los valores y el discurso interno lo va aprendiendo de sus cuidadores, del entorno social y demás modelos reales o de ficción. El discurso adaptativo que tenemos que transmitir, siempre que se presente la oportunidad, se basa en actitudes motivadoras, atribuyendo el fracaso a cuestiones circunstanciales, externas, temporales o estratégicas.

Los logros hay que valorarlos en función del esfuerzo y asimismo evitaremos hacer juicios globales y asignar etiquetas, optando por valorar la conducta y no al niño.

También es muy importante la aceptación que el niño recibe de su familia, profesores y entorno adulto; en nuestra mano está que se sienta valorado por quien es o por lo que puede hacer y no por comparación con los demás.

La estructura familiar se refiere al estilo educativo, principios, organización, reglas de conducta, apoyo, modelos y demás factores que iremos tratando en páginas sucesivas.

Le propongo algunos ejemplos sobre el estilo que hay que ir generando en el niño para que desarrolle una autoestima sana:

- «Has suspendido porque las estrategias de estudio no han sido las adecuadas»

- «Ese chico no te presta atención porque no podemos agradar a todos»

- «Estoy contento porque te has esforzado para conseguir buenos resultados»

EXTROVERSIÓN

La extroversión se opone a la timidez y no es una cualidad de todo o nada, sino un continuo. Normalmente no somos totalmente introvertidos o extrovertidos sino que nos situamos en algún lugar entre esos dos polos en función del contexto.

Aunque nacemos con una tendencia, el aprendizaje, y especialmente el derivado del contacto social desde el nacimiento, nos conduce a modificar sensiblemente el lugar que ocupamos en el continuo introversión-extroversión.

Por añadidura, y como sabemos que en general la extroversión correlaciona con la felicidad, debemos facilitar a los niños la adquisición de esta característica.

Aprovecharemos las circunstancias que se presenten para que el pequeño se vaya soltando en el trato con extraños; en la familia, con los vecinos, en el parque, en el comercio, con los parientes y otros. Cuanto antes mejor y con personas de diferentes edades.

Cuando el niño ha adquirido el lenguaje de forma productiva (normalmente alrededor de los tres años), hay que hacerle pequeños y progresivos encargos de comunicación con otros, desde luego supervisados, como por ejemplo solicitar un vaso de agua a un camarero o preguntar a una vecina por su perro. La utilidad de estos ejercicios radica en exponerle a iniciar conversaciones con personas ajenas al entorno familiar.

Cuando el niño va avanzando en edad hay que hacerle encargos más complejos y vigilar estrechamente si en el colegio pregunta las dudas en clase. En caso de que esto no sea así o lo haga pero le cueste en exceso, tenemos que buscar ayuda profesional para que el psicólogo establezca un programa de trabajo en función de sus características y su entorno.

ASERTIVIDAD

....

Esta habilidad social, que conecta directamente con la extroversión, se define como aquella que nos ayuda, respetando a los demás, a mostrar nuestras preferencias, exigir nuestros derechos y a conseguir objetivos mediante la correcta expresión de emociones y actitudes.

Como supondrá, un niño tímido difícilmente será asertivo, lo que abunda en la importancia de la extroversión.

Será en la pre-adolescencia cuando la asertividad, unida a los valores que hayamos transmitido, se manifieste como un potente protector frente a la manipulación externa y a los riesgos con que el joven entrará en contacto en proporción al nivel de independencia que vaya adquiriendo.

El desarrollo de la asertividad requiere, en función de su edad y autonomía, fomentar en el niño algunos valores relacionados con los siguientes:

- Mantener su personalidad, su propio criterio

- Sus necesidades son tan importantes como las de los demás

- Su dignidad es la misma que la de los demás

- Tiene derecho a rectificar
- No tiene por qué justificarse ante los demás
- No puede sentirse culpable por rechazar ofrecimientos
- Respeto a las diferencias de los demás

Por otro lado, el lenguaje verbal y no verbal de la persona asertiva es muy importante. En este punto es decisivo el aprendizaje por modelos, así que muéstrese como ejemplo y también subráyele modelos de conducta asertiva que manifiesten:

- Gestos relajados y amables
- Mirada directa
- Lenguaje firme pero sin vacilaciones ni gritos
- Centrados en el problema y no en el conflicto
- Sin imposiciones y escuchando al otro

HÁBITOS ALIMENTARIOS

Comer nos permite obtener nutrientes y placer, pero también configura un acto social y de autocontrol que se desarrolla habitualmente en un entorno útil para generar equilibrio y bienestar en el niño.

Cuando realizamos conductas relacionadas con la alimentación —deseo de comer, compra, preparación de alimentos o comer—, por efecto de su importancia biológica y evolutiva, nuestro cerebro se pone en modo aprendizaje «turbo» de forma automática. Es decir, todo aquello que se relacione con la conducta alimentaria lo conectamos con gran facilidad con nuestro repertorio cognitivo, conductual y emocional.

Desde que el bebé incorpora nuevos alimentos a su dieta se nos presenta la oportunidad de enseñarle nuevos sabores y crear hábitos saludables para que su alimentación le ayude a desarrollarse plenamente.

Aproveche también para enseñarle a respetar horarios y a comer solo en los momentos establecidos para ello, comer la comida que se dispensa y en el lugar preparado al efecto, colaborar en la preparación, compartir, generar un ambiente agradable durante las comidas, respetar las reglas sociales, tolerar la frustración y ejercer el autocontrol. Sin duda, todas ellas son habilidades imprescindibles para disfrutar de una vida más feliz.

Además, ya que las formas son tan importantes en la vida, la mesa es una escuela privilegiada para mostrar a los niños la importancia de la estética, el buen gusto y el equilibrio.

Recuerde que la nutrición es su responsabilidad como adulto. No deje en manos del niño lo que va a comer y evite expresiones del tipo: «¿Qué quieres comer?» o «¿qué te gusta?» Elija usted y alabe tanto lo que ha elegido como al niño por sus modales en la mesa.

Los problemas relativos a los trastornos de la conducta alimentaria, si bien se originan por varios factores, uno de ellos suele ser el descuido de los valores mencionados en relación con la comida.

ACTIVIDAD FÍSICA

La actividad física en la infancia y adolescencia es fundamental para el desarrollo físico y psicológico del niño. Pero también lo es para mantener continuamente en óptimas condiciones los recursos mentales. Esto lo consigue la actividad física al consumir el exceso de hormona cortisol producido por el estrés.

El exceso de cortisol, además de obstaculizar el procesamiento mental consciente, potenciar los miedos y afectar a la memoria, interfiere también en otros sistemas como el inmune, el cardio-respiratorio, el muscular y el digestivo.

Lo ideal es que acostumbremos al niño a incorporar la actividad física a su vida diaria, haciendo que opte por la acción frente al sedentarismo; por ejemplo caminar cuando podamos evitar los vehículos, usar las escaleras en lugar del ascensor, salir de excursión en lugar de ver la televisión o incluir juegos de actividad.

De forma complementaria podemos fomentar actividades deportivas que, además de beneficiar a sus habilidades motoras y cognitivas, también potenciarán sus habilidades sociales y contribuirán a fortalecer su autoestima y el respeto por sí mismo.

Explore nuevas actividades y aún mejor si lo hace en familia. Pida al niño que le acompañe y ayude en actividades físicas como cuidar el jardín, lavar el coche a mano o dar largos paseos con el perro.

Motívelo con incentivos internos como las alabanzas o el reconocimiento y tenga presente que también en este área, con su ejemplo, además de beneficiarse usted mismo, puede ayudar al niño a ser activo y en consecuencia aumentar sensiblemente sus probabilidades de ser feliz.

CONSUMO

El ser humano tiene un mecanismo innato y adaptativo de insatisfacción. Es una tendencia natural que nos impulsa a necesitar más, a consumir, a acumular y que en términos generales ha beneficiado a la especie hasta la aceleración del ritmo evolutivo humano que se produjo en el siglo XX.

Controlar esta condición natural parece imposible en un entorno tan hostil, donde continuamente se estimula la insatisfacción con técnicas de ventas y se generan estilos de vida de consumo.

En realidad también nos vamos adaptando frente a este desafío y lo hacemos porque sabemos que potenciar ese desequilibrio, como cualquier otro, solo puede generar placer en un momento para después seguir desequilibrados.

La sabiduría popular lo ha reflejado en dichos del tipo:

- «No es más rico el que más tiene sino el que menos necesita»

- «Si no eres feliz con poco, no eres feliz con nada»

Debe saber (si es que no lo ha descubierto usted mismo y los estudios al respecto son contundentes), que la felicidad y los bienes correlacionan directamente hasta el momento en que la persona dispone de lo necesario: un hogar, alimentación, acceso a sanidad, etc. Pero a partir de ahí, una casa más grande, más coches, más de todo, no solo no mantienen ese relación sino que, a partir de cierto nivel, la relación se invierte.

¿Y qué podemos hacer con lo niños si son bombardeados continuamente hacia el consumo? Bueno, en realidad hay un truco: los niños aprenden a convivir bien con la saturación de mensajes publicitarios, los pueden convertir en ruido.

Pero entonces llegan los mejores aliados del consumo: los padres. El niño cumple su primer añito y lo llenan de regalos y juguetes que el pequeño no comprende pero que observa asombrado. El adulto piensa, «mira cuantos juguetes, cuanto te quiero», mientras que el niño supone que muchos regalos tienen que significar mucha alegría.

Ya sabemos que a los pocos días el niño estará saturado de trastos, no prestará atención a los juguetes y, por supuesto, los padres habrán aprendido como funciona el mecanismo de insatisfacción.

Empiece por regalar con moderación mostrando con su ejemplo el cuidado y atención que se merecen los objetos por el esfuerzo que ha costado obtenerlos. Valore los objetos equilibradamente, enseñando al niño a cuidarlos usándolos de forma apropiada. Descubrirá que el niño que dispone de pocas cosas se relaciona con ellas de forma diferente y demanda menos la adquisición de otras nuevas.

Siga con la tarea de transmitir valores trasladando el centro de la diversión desde los objetos al cerebro del niño, desde la pasividad a la actividad mental.

Además de una buena dosis de austeridad (de la que trataremos más adelante), tenemos que enseñar a los niños a encontrar satisfacción en diversas actividades no relacionadas directamente con el consumo, es decir, jugando, haciendo deporte, leyendo, en familia o tomando contacto con la Naturaleza.

Evite usar los objetos de consumo como incentivos o premios, al menos antes de la adolescencia. Los incentivos internos tales como alabanzas, afecto o reconocimiento en principio son los más potentes, pero cuando son sustituidos por incentivos externos como regalos o dinero se desactivan, se anulan perdiendo su valor de incentivo.

TECNOLOGÍA

La tecnología de consumo, y especialmente la relacionada con la comunicación, ha llegado para quedarse y aunque puede ser fascinante hay que aprender a relacionarse con ella.

Es lógico y frecuente que para evitar que el bebé llore o se sienta solo, se le facilite el acceso a contenidos de Internet o se le sitúe frente al televisor. El problema es que los efectos nocivos de esta práctica los empezamos a apreciar a medio o largo plazo.

Tenga en cuenta que un denominador común a los contenidos audiovisuales es el ritmo con el que discurren, la hiperactivación, la activación continua con el niño de espectador, activándose internamente y sin relación con su actividad externa. Además de los perjuicios que causa el estrés mantenido en el organismo cuando no hay actividad física al mismo tiempo, estamos enseñando al niño a tener ciertas estructuras cerebrales sobreactivadas con frecuencia y lo orientamos hacia la activación y no hacia el equilibrio.

Desde luego usted puede permitir al niño que se relacione con la tecnología, pero siempre con restricción y supervisando los contenidos.

La comunicación, el uso del móvil o de mensajería, dado el carácter adictivo y el impacto que conlleva en la personalidad del niño o adolescente, tenemos que tomárnoslos realmente con diligencia.

Considere que desde siempre los niños se comunicaban con sus amigos ocasionalmente, cuando sus tareas se lo permitían. Usted seguramente lo hacía en el recreo del colegio, cuando compartía alguna actividad entre semana y el fin de semana con algo más de intensidad. Ahora están comunicados siempre.

Los riesgos de esta actividad, en apariencia inocua, no solo son los evidentes, sino que hay que prestar atención a riesgos encubiertos como la presión a la uniformidad, al pensamiento único para quedar bien con el grupo.

Por otro lado, la comunicación permanente secuestra la atención del niño y del adolescente y obstaculiza su discurso interno y por tanto su desarrollo intelectual.

¿Prohibir? Hasta cierta edad sin dudarlo y posteriormente su uso debe limitarse a ciertos momentos del día, sin claves secretas y siendo usted el que custodia el aparato en cuestión.

Desde luego que estamos hablando también de autoridad, se la doy por supuesta, pero en todo caso esto lo trataremos también en profundidad.

TERCER PILAR

RELACION

ESTILO RELACIONAL

El estilo relacional es la estructura que usted manifiesta en su relación con los niños. En beneficio del niño, se espera que usted tenga autoridad, no que sea autoritario, aunque también vamos a ver otros estilos perjudiciales.

El estilo relacional se hace más evidente cuando hay que tomar decisiones o resolver conflictos relacionados con ellos. Tiene que ver con su experiencia y con sus valores y la interpretación que hace de la conducta de los niños.

Esto está muy conectado, además de con la autoridad, con el control, la comunicación, los premios y castigos y la afectividad. En función de esto, resumiendo podemos considerar cuatro tipos de estilos relacionales entre el adulto y el niño:

1. *Permisivo.* Estilo en el que escasean los premios o los castigos, no hay normas o no se aplican, evitando los conflictos, dejando hacer y con una alta flexibilidad en horarios y rutinas. Se suele delegar la educación en otros y el adulto no es una referencia clara. El niño se muestra inseguro, sin confianza en sí mismo. Tiene baja tolerancia a la frustración y frecuentes cambios

de humor. No se esfuerza en las tareas y, consecuentemente, el rendimiento escolar suele ser bajo o engañoso

2. *Autoritario.* Muchas normas rígidas y no razonadas. Abundan los castigos sobre los premios y las críticas al niño. El adulto no dialoga ni negocia y tiende a perder el control de sus impulsos. Este estilo produce baja autoestima, sumisión, agresividad, escape, impotencia, rebeldía y poca autonomía

3. *Sobreprotector.* Este estilo corresponde a adultos que evitan problemas. Implica pocas normas o que no se aplican. Exceso de premios y no hay castigos. Se considera al niño poco maduro y se justifican todos sus fallos. Genera niños dependientes, egoístas, inseguros, con poca autoestima y con muy poca tolerancia a la frustración

4. *Asertivo.* Estilo apoyado en el diálogo y la negociación. Los incentivos internos se usan con preferencia a los externos. Las normas están claras y adaptadas a la edad. Los premios y castigos se aplican de forma coherente, razonable y predecible. Es el estilo que genera más altos niveles de autoestima, además de niños responsables, respetuosos, resolutivos y con adecuada tolerancia a la frustración

NORMAS

....

Las normas son necesarias; primero porque forman parte del mundo real y también porque sirven al niño para aprender hábitos, valores, a sentirse seguro, autónomo y valorado. También le sirve para generar autocontrol, autoestima y para sentir que pertenece a su núcleo familiar o social.

¿Pero por qué nos cuesta tanto implantar normas y hacerlas cumplir? Puede que la falta de tiempo nos lleve a ser indulgentes o sea tal vez para evitar conflictos, o por pereza o para que no se nos considere autoritarios. Incluso puede ser por la falta de criterio respecto a qué normas se deben aplicar en función de la edad del niño.

Sea como fuere, renunciar a aplicar las normas le llevará a perder la autoridad y probablemente pasará de ser su madre, padre o educador a ser otra cosa. Tal vez, en el mejor de los casos, ya no será su padre sino su amigo, con lo que habrá conseguido dos cosas: dejar huérfano a su hijo y ceder al azar y a los demás su influencia.

Para establecer las normas hay que observar varios criterios: deben ser claras, específicas, formuladas en positivo, negociadas si es posible y firmes.

Las alabanzas y los reproches tienen que dirigirse a las conductas y no al niño globalmente; el niño no es malo ni bueno, tiene conductas correctas o incorrectas en función de las normas que establecemos. Tal cual es, lo amamos, pero tenemos la responsabilidad y la oportunidad de educarlo.

Por ejemplo, para enseñarle a permanecer sentado en el restaurante hasta que todos los de la mesa hayan terminado, se pueden expresar frases del siguiente tenor:

- Tendrás que esperar a que todos hayan terminado porque nos hace feliz que estés con nosotros en la mesa

- En los restaurantes se espera que permanezcamos sentados por respeto a los demás y a los trabajadores

Supongamos que este niño se queda sentado; al finalizar no podemos dejar de elogiarlo explícitamente. Si por el contrario se ha mostrado desafiante o ha abandonado su asiento, sin enfadarnos procederemos a subrayar la conducta equivocada y cuanto antes aplicaremos una sanción coherente que dificulte que esa conducta se repita.

Ensayar las conductas que esperamos del niño tiene una fuerza que a veces desconocemos. Imagínese que quiere que su hijo de tres años aprenda a respetarlo cuando desea algo y usted se encuentra ocupado, es decir, a solicitar su atención de forma respetuosa.

Cuando el niño se encuentre tranquilo demande su atención y explíquele brevemente lo que espera de él. Inmediatamente invítele a simular la escena y repítala con humor dos o tres veces. Verá qué efectiva resulta la herramienta del ensayo.

NEGOCIACIÓN

....

Negociar con el niño significa hacerlo desde la desigualdad. Al adulto se le suponen más conocimiento, capacidad y, sin duda, tiene más responsabilidad. Por tanto, cuando tratemos de persuadir o negociar con el niño, ambos debemos tener clara dicha distancia.

La primera condición para negociar es que el niño perciba que usted se pone en su lugar ya que sabemos que en cualquier proceso negociador, cuando aparece el enfrentamiento se desactiva la estructura cerebral encargada de abrirse al cambio.

Una vez generado el momento o entorno adecuado para negociar, su mayor o menor influencia persuasiva o negociadora con el niño dependerá de los siguientes factores:

- *Credibilidad.* Este factor es el más importante, ya que si el niño confía en usted, sabe que es consecuente y no duda de su conocimiento, transparencia y sinceridad, aceptará de buen grado los cambios y acuerdos que le plantee

- *Atractivo.* Es decir, el grado de aceptación por parte del niño, bien globalmente o específicamente, respecto al asunto a negociar

- *Autoridad.* Concepto relacionado con los anteriores pero basado en el control que el niño percibe que usted tiene sobre el entorno y sobre él mismo

Ya habíamos generado el momento adecuado para negociar, sin enfrentamientos y usted como un modelo creíble, atractivo y con cierta autoridad sobre el niño. Ahora tendrá que seguir alguna estrategia de negociación y, si bien tendrá que adaptarla al caso concreto, se puede apoyar en el siguiente guión que le propongo como ejemplo:

1. Escuche al niño. Muéstrele su interés y comprensión

2. Exprese sus expectativas y deje claros los límites

3. Acuerde lo que considere aceptable

4. Cumpla

Los mensajes que transmita al niño deben ser pocos, de calidad, preferentemente racionales y con la correspondiente emotividad. Los basados en el miedo o la amenaza se alejan del proceso negociador. Solo en ocasiones excepcionales hay que recurrir a ellos por la gravedad del asunto.

REFUERZO

El refuerzo, como también la extinción y el castigo, son productos evolutivos imprescindibles para modificar la conducta y, dado que de forma consciente o inconsciente usted los va a usar, es importante saber como funcionan.

El refuerzo se emplea principalmente para adquirir o modificar conductas y puede ser positivo o negativo.

Refuerzo positivo, es cuando tras la conducta deseada se suministra un estímulo agradable.

Refuerzo negativo, es cuando tras la conducta deseada retiramos un estímulo desagradable; por ejemplo, el niño que quiere que le soltemos de la mano para correr por el parque y le indicamos que lo soltaremos cuando lo pida con tranquilidad y respeto.

Las conductas deseables deben ser reforzadas con más frecuencia cuando el niño empieza a aprenderlas, para luego reforzar ocasionalmente, ya que un exceso de refuerzos hace que estos pierdan valor como incentivo.

Tenemos que esforzarnos por generar contextos reforzadores, amables y cargados de humor ya que estos configuran el ambiente educativo más potente y favorable al aprendizaje.

He escrito «esforzarnos» porque no siempre es fácil generar este tipo de ambiente, pero tenemos que comprometernos a ello. Educar es un proyecto que suele tender a equilibrar la energía, así que o la ponemos en planificar y hacer, o la pondremos en sufrir las consecuencias.

CASTIGO

....

El castigo es el procedimiento por el cual a una conducta no deseada le sigue una consecuencia desagradable. Como en el refuerzo, también hay dos tipos de castigo:

- *Castigo positivo.* Cuando se añade un estímulo aversivo. Por ejemplo, mostrar desacuerdo ante una conducta del niño

- *Castigo negativo.* Cuando se elimina un estímulo agradable. Por ejemplo, cuando sancionamos una conducta privándole del teléfono móvil temporalmente

Hablar de castigo no es políticamente correcto, es tabú e incluso hay científicos y catedráticos de universidad que, ante a los medios de comunicación o en publicaciones divulgativas, defienden justo lo contrario a lo que dicen en entornos más académicos.

Se suele esgrimir que usar el castigo puede afectar a la autoestima del niño y causar daños emocionales y relacionales. Ciertamente, golpear al niño, o por el contrario premiarlo todos los días con un billete de cincuenta euros, puede ser muy perjudicial para su emocionalidad y desarrollo.

Lo que sí sabemos que afecta muy negativamente a la emocionalidad y al desarrollo del niño es no usar el castigo cuando corresponde.

Ante todo hay que señalar, subrayar y dejar bien claro que cualquier posible efecto negativo del castigo se amortigua o desaparece si este se aplica en un entorno de amor y afecto. Cuando es así, el niño canaliza el castigo hacia la conducta sancionada y no hacia su autoestima o a la relación.

Si el entorno no fuese el más propicio para el afecto, como podría ser el académico, el castigo deberá estar tasado y publicado, como pueden ser los suspensos, la exclusión del grupo o el reproche social por señalar algunos de los más habituales.

En todo caso, si existe una alternativa mejor al castigo optaremos por ella, lo que no debe impedir su uso cuando sea imprescindible y con las condiciones que estamos señalando.

Como los premios, los castigos deberían ser inmediatos, proporcionados, ajustados a la edad y características psicológicas del niño.

La intensidad debe ser la suficiente para que cese la conducta no deseada. Si falta intensidad el niño se irá inmunizando contra el castigo y cada vez será más resistente a él.

No se debe utilizar el chantaje emocional ni amenazar con la pérdida de cariño. Además sea cortés y educado también cuando usa el castigo, alejando en lo posible la emocionalidad y el enfado.

Recuerde que esta es otra herramienta más que la evolución ha dejado a muchas especies incluida la nuestra. No haga depender la intensidad del castigo de la proporción de su enfado.

Nunca compare a su hijo con los demás; recuerde que su hijo es único y hágaselo sentir. No castigue al niño sino a la conducta no deseada.

Evite los gritos y las amenazas. Si tiene que usar el castigo hágalo sin vacilaciones pero no use las amenazas ya que le quitan autoridad y estropean la relación.

El castigo no debe ser un hábito sino un recurso inteligente, equilibrado, eficaz y para usar cuando no disponemos de otra alternativa mejor.

EXTINCIÓN

....

Este procedimiento se caracteriza por ignorar las conductas a eliminar y deriva de la ley que señala que la conducta se mantiene por sus consecuencias.

Sirve para algunas conductas ya que otras no pueden ignorarse. También puede ser muy eficaz cuando no está claro si un determinado castigo lo es o por el contrario tiene algo de reforzador.

Es un procedimiento que todos conocemos; por ejemplo cuando hemos dejado de contestar a alguien por teléfono y con el tiempo deja de llamar.

Extinguir una conducta exige dos condiciones básicas:

- Indiferencia completa ante la conducta indeseada

- Hacerlo siempre, ya que si una sola vez se le vuelve a prestar atención, aparecerá el «estallido de la extinción», es decir, volverá la conducta no deseada con toda su fuerza

Por ejemplo, imagine que quiere extinguir la costumbre de su hijo de pedir dulces cuando está en la cola de la caja del supermercado. El niño hace su demanda, usted le dice que no es el momento y cuando insiste no le presta atención alguna, lo ignora. Así cada día y verá como más pronto que tarde dejará de hacerlo. Ahora bien, si en una sola ocasión usted cede, retrocederá hasta el primer día en la intensidad de la demanda.

REFUERZO DE CONDUCTAS INCOMPATIBLES

Este es un método muy útil que consiste en bloquear una conducta a través de la realización de otra incompatible y, si es posible, que deseamos fomentar.

Por ejemplo, imagine que el niño empieza a pasar demasiado tiempo con los videojuegos. Antes de que inicie la conducta usted le pide que le acompañe y van a dar un paseo o a hacer alguna otra actividad al aire libre que le pueda gustar.

MOTIVACIÓN

Cualquier idea o propósito sin motivación tiende al fracaso. La motivación conecta directamente con la felicidad y es una actitud que se acompaña de emociones como el entusiasmo o la iniciativa y se apoya en la constancia.

La motivación es la energía de la acción que nos mueve a hacer unas cosas y dejar de hacer otras. Digamos que sin ella el aprendizaje, el cambio de hábitos o el impulso de proyectos se desvanece.

En la educación del niño hay dos vertientes motivacionales; por un lado usted tendrá que sacar de su interior esa energía para aportársela al niño y por otro tendrá que enseñarle a generarla por sí mismo. Esto último es relativamente fácil por el impulso del modelaje, el ejemplo que usted le da al niño al desplegar su motivación.

Puede que sea el adulto el que no cuenta con las estrategias adecuadas para gestionar la motivación. Las claves para generarla se basan en definir sus propósitos, darles sentido y llenarlos de deseo.

A veces el sentido y el deseo lo obtenemos de nuestros principios y valores; otras de la necesidad o de la propia naturaleza del propósito. Pero casi siempre deberá esforzarse a fin de encontrar las ideas adecuadas y unirlas a las emociones oportunas que desaten la motivación.

Como estrategia general, dele sentido a su vida, potencie las actividades creativas, lleve una vida sana, desarrolle el buen humor, la tolerancia a la frustración, afronte los problemas con naturalidad y trabaje su capacidad de generar un ambiente positivo en torno a usted.

En cuanto a la motivación que necesita para impulsar un proyecto concreto, la potenciará a través del esfuerzo, la estrategia y el conocimiento. Para ilustrarlo imagínese que quiere motivar a su hijo para que toque el violonchelo. Además de referirse al tema con ilusión, podrá motivarlo con acciones del tipo:

- Ir a conciertos de niños y adultos

- Mostrarle vídeos en Internet con niños similares a él tocando el violonchelo

- Facilitarle películas o libros donde aparezca algún músico con el que se pueda identificar

- Visitar a un *luthier* para que le enseñe cómo se fabrica y cuida un violonchelo

Como ve, la motivación se relaciona con la acción, con ser protagonistas de nuestras vidas.

EXPECTATIVAS

Hay un motivador especial en la vida de los niños, el más influyente sin duda en términos globales: las expectativas de los adultos y especialmente las de los padres.

Como son tan importantes y cada niño necesita un rango diferente de expectativas, si las empleamos con torpeza, bien por defecto o por exceso, su influencia puede no ser la que esperábamos.

Sepa que sus expectativas, aunque no las exprese abiertamente, al niño le llegan y las va a percibir. Por tanto tendrá que interiorizar lo que desea de su hijo basándose en principios y valores, siendo realista considerando su propia dedicación hacia él y sus capacidades como adulto. También tendrá en cuenta el entorno del niño, sus puntos fuertes y las condiciones de aprendizaje que lo rodean.

Sea coherente. Siguiendo con el ejemplo del violonchelo, ¿de qué serviría mostrar grandes expectativas a su hijo para que sea celista si a usted no le interesa la música? En todo caso podría apoyarlo si es una actividad que el niño hace con interés, pero sus expectativas como padre se mostrarían sesgadas por incoherentes.

ACTIVACIÓN

Como especie hemos entrado en un aceleramiento global, una hiperactividad generalizada que conecta con la natural insatisfacción humana, nuestra preferencia por lo novedoso y el sesgo de la distancia vital.

Este sesgo se activa si contempla su viaje, su vida, centrado en el factor distancia, ya que puede creer que a mayor velocidad, mayor distancia recorre durante su vida. Creerá percibir que cuantas más experiencias tenga y más rápidamente, más vivirá. Pero no es tan fácil; solo tendrá que detenerse por un momento para darse cuenta de que la insatisfacción corre más que usted.

Desde hace miles de años se tenía la certeza de que felicidad y velocidad no correlacionaban. La solución clásica a este dilema había sido que lo importante no era ni la distancia ni el destino sino el viaje. Hoy sabemos exactamente lo mismo: que la felicidad no se relaciona con hacer muchas cosas, ni muy rápido, ni muy lejos, sino más bien con vivir intensamente cada paso que damos.

¿Cómo enseñar al niño a gestionar su activación? Para empezar tiene que considerar que a esta la rigen tres factores: lo innato, lo aprendido y las circunstancias del momento.

Cada niño hereda una sensibilidad diferente a los estímulos, la va adaptando mediante el aprendizaje desde el vientre materno y esta se expresa condicionada por el momento. De los tres aspectos de la activación, el aprendizaje es el más potente y el que tiene mayor peso en ella durante la vida de la persona.

Existe una doble relación entre activación y aprendizaje. Por una parte este influye en la gestión de aquella y por otra, la activación tiene que estar en un nivel óptimo para que se produzca cualquier aprendizaje. Poca o excesiva activación dificultan la atención y el procesamiento memorístico.

Su trabajo como educador respecto a la activación se centra en cuatro aspectos, todos conectados con la tolerancia a la frustración:

- El niño tiene que habituarse desde el nacimiento a diferentes entornos y personas, silenciosos como una iglesia, o ruidosos como una estación de metro

- En cada entorno debe guardar las formas que se esperan de él. Entrene en casa, recuerde la efectividad de practicar. Aprender a comportarse de forma inteligente de acuerdo al entorno será una de las piedras angulares de su felicidad durante toda su vida. Empiece cuanto antes

- Deje que se aburra ocasionalmente y no acuda a socorrerlo con actividad. Él solo resolverá este problema más pronto que tarde ya que el aburrimiento en el niño es imprescindible para que su cerebro active condiciones superiores

- Enséñele a manejar los continuos silencio-ruido y relajación-actividad como herramientas para generar condiciones y entornos atractivos o de productividad

Para finalizar quiero subrayarle que tanto su relación con la familia, la adaptación social, como el desarrollo intelectual, emocional o cualquier condición artística superior, dependen directamente del propio control de la activación.

CUARTO PILAR

CREATIVIDAD

FOMENTAR LA CREATIVIDAD

....

Imagínese una cualidad que le permitiera ser más imaginativo, tener mayor capacidad de análisis, generar mayor número de ideas y respuestas ante los problemas, ser más flexible, más ingenioso, más capaz de llevar adelante un proyecto y tener mayor habilidad en situaciones complejas. Esa herramienta que puede llevarlo a otra dimensión es la creatividad y la inmensa mayoría de las personas puede potenciarla.

Tal vez piense que la creatividad surge espontáneamente, como un rasgo innato, pero en realidad se sostiene en el conocimiento, el autocontrol, el entrenamiento y la autoestima.

Otro error habitual consiste en asociarla exclusivamente con la creación literaria, artística o científica y, aunque están íntimamente conectadas, la creatividad tiene que ver sobre todo con la inteligencia, es decir, con la capacidad de adaptación.

Fomentar la creatividad en el niño requiere el desarrollo de las siguientes condiciones:

- Sentido del humor

- Tolerancia a la frustración

- Principios y valores

- Autocontrol
- Perseverancia
- Motivación intrínseca
- Valoración estética
- Confianza en sí mismo, autoestima
- Independencia emocional
- Motivación de logro
- Amplitud de intereses

El sentido del humor se va generando en el niño especialmente a través del entorno, del modelaje y de la respuesta que los demás ofrecen a sus interacciones humorísticas. Esto entronca con la tolerancia a la frustración de la que ya hemos hablado en capítulos anteriores, el autocontrol, la perseverancia y con los principios y valores que tenga de referencia.

La motivación intrínseca se expresa cuando el niño hace las cosas por la satisfacción que la tarea le proporciona. Esta satisfacción suele generarse a través del componente hedónico de la propia tarea, pero podemos fomentarla exponencialmente desarrollando su apreciación por los valores estéticos.

Una autoestima adecuada hará perder al niño el miedo a equivocarse o a hacer el ridículo. Para ello, además de sentido del humor, necesitará la comprensión empática de las figuras de autoridad y, si es posible, de sus hermanos o compañeros. Los iguales tienen un peso relativo en función de la percepción del estatus cognitivo y cultural del niño, su dependencia emocional y su motivación extrínseca respecto a sus iguales.

La motivación de logro es la tendencia a buscar el éxito en situaciones desafiantes. Se modula de forma compleja y a nivel biológico, social e individual, pero como hemos comentado, el modelaje y las expectativas de los padres tienen un papel decisivo. Tenga en cuenta que una motivación de logro excesiva puede derivar en una frustración intolerable que bloquee la creatividad. Por esto usted deberá procurar una gestión motivacional acorde al nivel de tolerancia a la frustración que su hijo maneja.

Considerando que la especialización es necesaria, esta no es incompatible con el desarrollo de un amplio abanico de intereses para fomentar la creatividad. El niño debe desarrollar habilidades intelectuales, manuales, deportivas, sociales, espirituales, artísticas o de ayuda a los demás. En definitiva se trata de adquirir conocimiento, recursos y gestión emocional.

PRODUCTIVIDAD

Me refiero aquí a la productividad creativa, a poner en práctica las ideas creativas. Para ello empiece por alentar al niño a hacerlo, acompáñele, elimine obstáculos y guíele de forma cooperativa. No ponga usted en práctica las ideas del niño ni las solucione a base de dinero o recursos fáciles. Recuerde que sin esfuerzo, auto-disciplina y búsqueda de solución de problemas, la creatividad se diluye.

En buena lógica, si su hijo quiere tocar el violonchelo usted tendría que facilitarle un instrumento de cierta calidad. Pero tal vez pueda pedirle previamente que aprenda a cantar cualquier partitura sencilla en clave de fa. De esta forma estará apoyándolo, implicándose con él y además comprobará el nivel de compromiso del niño con la actividad.

MÚSICA

La neurociencia nos ha mostrado que tocar un instrumento es la destreza que genera más actividad en las estructuras cerebrales. No hay ninguna otra acción o tarea que involucre a nuestro cerebro de una forma tan global, equilibrada, coordinada e intensa. Es más, lo que se desconoce es qué parte del cerebro no se activa cuando se toca un instrumento.

Los niños que están aprendiendo a tocar un instrumento en pocos meses mejoran su predisposición intelectual, es decir, aumentan su capacidad de aprendizaje y adaptación. De ahí la importancia y atención que usted debería prestar para facilitar las condiciones necesarias que animen al niño a interesarse por la música desde pequeño. Ya hemos tratado la importancia del modelado, la motivación y las expectativas.

Valore la actividad musical del niño con respeto, pero considerándola una faceta potenciadora de su condiciones humanas e intelectuales. Que devenga en una actividad profesional en el futuro, eso es otra cuestión; usted lo que debe buscar es su valor único como herramienta básica para aumentar las cualidades del niño.

JUEGOS

....

El juego es consustancial a la infancia. Lo es en un doble sentido: porque jugar le permite divertirse mientras desarrolla habilidades, y porque el cerebro necesita los neurotransmisores que el juego produce. Por decirlo así, el juego en los niños es necesario para el aprendizaje, el crecimiento físico y la supervivencia.

En generaciones anteriores, los niños solían experimentar un proceso simple: aburrimiento u oportunidad-activación de la imaginación-juego. No siempre era así pero en rara ocasión acudían a los mayores para que estos les resolvieran el paso del aburrimiento a la distracción. Por otro lado, la tecnología disponible era más bien tosca y generalmente el propio niño debía manipular activamente el entorno para generar los objetos con los que jugar.

Ahora la tecnología es sofisticada y el niño solo tiene que solicitarlo para que los adultos le permitan zambullirse en los diferentes entornos virtuales. Un niño aburrido es agotador cuando sabe que el adulto acabará cediendo a sus exigencias. Así que lo fácil es exponerlo al entorno virtual y que se quede quietecito, como si fuera de peluche.

Cuando tratamos la cuestión de la tecnología ya vimos los importantes riesgos que comporta si se usa inadecuadamente. También vimos lo fácil que resulta dejar que el niño se aburra y acabe generando por sí mismo otro tipo de actividad lúdica, siempre más provechosa intelectualmente que la tecnológica. Estamos preparados para ello desde hace miles de años.

En todo caso, siempre hay que buscar el equilibrio entre la disposición de juguetes de alta tecnología, los educativos, la actividad lúdica social con la familia o los iguales, las actividades al aire libre y los períodos de inactividad que también benefician el desarrollo intelectual del niño. ¡Cuánta afición a la lectura y cuanto ingenio se ha generado en aquellas obligadas siestas de verano!

QUINTO PILAR

VALORES

PARA QUE NOS SIRVEN LOS VALORES

Los valores son estrategias o predisposiciones aprendidas que nos permiten actuar o reaccionar de forma coherente y consistente en diferentes contextos. Los valores simplifican, son caminos, guías que deben facilitarnos la adaptación ahorrando tiempo y energía sin necesidad de experimentar continuamente. Rigen nuestra conducta desde un nivel propio e interno.

Tienen que ver con la conducta ética o moral pero también con la actitud ante los problemas y las cuestiones de la vida. Los valores se configuran en el plano intelectual, emocional y conductual de forma que influyen plenamente en nuestra toma de decisiones y en la definición de la personalidad.

De los valores que dispongamos y de lo coherentes que nos mostremos respecto a ellos, dependerá también directamente nuestra capacidad de adaptarnos y ser felices. Tanto es así que cuando la conducta o los sentimientos se contraponen a los valores, experimentamos malestar y sufrimiento.

Su adquisición y cambio es fundamentalmente social. La familia, los iguales, el colegio, los medios de comunicación o el entorno irán influyendo en los valores que el niño irá adquiriendo. Sea usted protagonista en la transmisión de valores ya que el espacio que deje a los demás será rápidamente ocupado por estos. Impregne al niño de valores que llenen de sentido su vida y le permitan ser feliz.

SENTIDO DE LA VIDA

El sentido de la vida podemos definirlo como la energía mental que sostiene nuestros valores y nos permite afrontar con entereza los contratiempos que se nos van presentando.

No se trata solo de estrategias concretas más o menos eficaces, sino que tiene una dimensión global, energética y dinamizadora relacionada con la felicidad.

Encontrar sentido a la vida a veces puede ser confuso ya que la felicidad siempre genera bienestar y por contra, el bienestar no necesariamente proporciona felicidad.

Cada persona antes o después intenta dar sentido a su vida. Hay quien lo busca en la pareja, la familia, el poder, el bienestar físico, los placeres, la acumulación de bienes materiales, la actividad profesional, el conocimiento o incluso a través de las drogas.

¿Cómo dar sentido a nuestra vida? La respuesta tiene la complejidad que posee la misma vida y para cada uno será diferente. No obstante, desde hace miles de años el producto evolutivo más eficaz que conocemos para dar sentido a la vida ha sido y es la religiosidad. No sabemos en el futuro, pero de momento es la herramienta más poderosa que existe para llenar de valores y generar bienestar personal incluso en los momentos más dolorosos de la persona.

Quiero subrayar esto porque hay padres o educadores, que sin tener ellos mismos recursos eficaces para afrontar los problemas esenciales de la vida, no dudan en obstaculizar cualquier desarrollo de la espiritualidad en los niños.

Recuerde que las conductas se mantienen por sus consecuencias y si la religiosidad acompaña al ser humano desde el principio y en todas las sociedades, es porque tiene más ventajas que costes.

COMPROMISO

El compromiso siempre ha sido un valor humano necesario. Cada día nos comprometemos y esperamos que los demás cumplan sus compromisos. Esperamos que nuestros familiares y amigos estén comprometidos con nosotros. También de nuestra pareja esperamos que respete los compromisos que nos hemos dado. Confiamos en los compromisos de las leyes y hasta del seguro del coche esperamos que cumpla sus compromisos publicitarios.

El niño tiene que saber que existen varios niveles de compromiso: el compromiso consigo mismo, con sus valores, su salud, su desarrollo, sus necesidades y sus retos. Por otro lado el compromiso con la familia, con sus costumbres, estética y valores. También, y por delegación familiar, con la autoridad de los maestros y encargados de su educación. Luego está el compromiso con los iguales.

Le enseñaremos que a veces los demás se comprometen con nosotros pero que pueden mentirnos directamente o simplemente equivocarse o descuidarse y que esto no siempre es terrible, sino que es una parte del juego de la vida con la que tenemos que aprender a desenvolvernos.

LA MENTIRA

El niño usará la mentira de forma natural por diversos motivos, generalmente por fantasear, por evitar conflictos o puede que por evitar la decepción. Recuerde que el ser humano miente desde que nace, cuando al llorar parece que lo hace por dolor y en realidad lo que quiere es que le abracen.

Mentimos habitualmente para que la vida social sea más llevadera y agradable. Mentimos más a aquellos que esperan más de nosotros y mentimos muy especialmente a aquellos cuya decepción no podríamos soportar.

Por tanto, no sea idiota y no comprometa a su hijo para que no le mienta jamás. Su hijo, único e irrepetible, también es un ser humano. Esto no significa que le invitemos a mentir; es más, si usa la mentira con frecuencia debería revisar qué beneficios está obteniendo por ello, qué refuerzos promocionan esa conducta.

Enséñele a distinguir entre la «mentira social», que permite facilitar la convivencia, la «mentira arriesgada», que puede perjudicarnos a nosotros mimos y la «mentira manipuladora», que se usa para perjudicar a otros en beneficio propio.

AUSTERIDAD

Ya sabemos que el ser humano se debate entre su natural tendencia, siempre insatisfecha, hacia la acumulación de bienes o de poder y un mundo siempre dispuesto a satisfacer esa tendencia a cambio de algo. Educar al niño en la austeridad tiene como principal efecto equilibrar este conflicto permanente.

Las cosas, los objetos o los servicios tienen un valor dinerario relativo o incluso a veces despreciable. En cambio, el principio que tenemos que transmitir a los niños consiste en que todos los bienes y servicios representan un consumo de energía, tanto de las personas como del propio planeta, lo que en realidad representa su mayor valor intrínseco. Considerando cada caso en particular –pero desde luego ocurre en la mayoría–, ese consumo de energía o recursos debe merecer un respeto.

En base a lo dicho, la austeridad discurre por disponer de lo necesario pero exigiendo al niño que atienda a su normal cuidado y respeto, optando hacia la escasez en los bienes que consideremos adquirir y aprovechando para que obtener algunos de ellos conlleve un esfuerzo personal por parte del niño.

Lo que se consigue con esfuerzo, inteligencia y dedicación se integra más adaptativamente en la vida del niño.

AGRADECIMIENTO

No le quede duda, es de bien nacidos ser agradecidos. Este refrán se refiere a la importancia de ser educados. Pero, además, el mostrarse agradecidos en la vida cotidiana contiene un valor biológico innegable.

Al dar las gracias en nuestro cerebro se libera dopamina, con lo que sentimos bienestar. Pero es que también influimos en el cerebro de los demás; por ejemplo, les hacemos sentir bien, y aparecen la empatía y los sentimientos de reciprocidad.

Son numerosos los beneficios que el mostrarse agradecido proporcionará al niño y por tanto es un comportamiento que tenemos que promocionar como un valor básico a través del ejemplo y cada vez que se presente la ocasión.

RESPETO

....

El respeto como valor tiene una doble estructura: el respeto a uno mismo y el respeto a los demás. Ambos van generalmente unidos y, por eso, prefiero tratarlos de forma integral.

El respeto llevará al niño a ser un adulto independiente, sano, capaz y que no manipulará a los demás pero que tampoco permitirá que lo manipulen a él. La inteligencia emocional pasa por la autoestima y esta se sustenta en el respeto.

Respetarse a uno mismo implica cuidarse física, emocional e intelectualmente. Es el eje central de lo que le quiero transmitir en este libro. ¿Quiere que su hijo sea feliz hoy pero especialmente durante el resto de su vida? Ponga su empeño desde ahora mismo en enseñarle a nutrirse adecuadamente, a hacer ejercicio regular, a generar hábitos, a manejar el esfuerzo, muéstrele la grandeza de la música, de la creación artística. Potencie sus ideas creativas, su sentido del humor y su iniciativa.

También instrúyale desde la vertiente social, así que muéstrele los beneficios de la colaboración, de ayudar a los demás y enséñele a hacer esto teniendo personalidad, es decir, defendiendo sus valores y su estilo de vida y respetando lo que sea respetable de los demás. Explíquele que sus valores, aunque puedan ser minoritarios, no son menos valiosos que los de la muchedumbre. Demuéstrele que lo normal, sea referido a la norma o a lo que hace la mayoría, no es siempre lo mejor y que solo dispone de una vida para vivirla en plenitud.

Y quiero terminar este libro con algunas palabras del final del libro de Pat Conroy, *El Príncipe de las Mareas*:

«Pero es el misterio de la vida lo que ahora me intriga. Y al llegar a lo más alto del puente, con las estrellas luciendo sobre el puerto, miro hacia el norte y vuelvo a pensar que ojalá repartieran dos vidas a cada hombre y a cada mujer...»

Alberto Guzmán Ortega es Psicólogo y Terapeuta de Conducta. Su actividad profesional se viene desarrollando tanto en el ámbito de la Psicología Clínica como en la terapia individual y familiar.

Ser padre, así como trabajar con niños y jóvenes, ha contribuido a reforzar la valoración que este momento vital representa para él.

Como él mismo señala, "la única oportunidad honesta que tenemos de viajar al futuro, aparece cada vez que colaboramos con el bienestar y el desarrollo del niño".